JANA WALCZYK

Was tummelt sich am Teich?

Besuch am Teich

Biber und Bachforelle, Eisvogel und Elritze, Fischotter und Flusskrebs – gibt es die denn noch?

In diesem Buch stellen wir einen heimischen Teich vor, schön, vielfältig und belebt. So, wie er sein sollte, vielerorts noch ist – oder wie er gegebenenfalls wieder werden kann: als funktionierendes Ökosystem mit sauberem Wasser, in intakter Umgebung und mit vielen Tieren und Pflanzen, die dort ihre Heimat haben.

Die meisten unserer Gewässer und Feuchtgebiete befinden sich heute nicht mehr in ihrem natürlichen Zustand: Bäche und Flüsse werden von Menschen begradigt, Flusstäler als Siedlungsraum genutzt, Moore und Sümpfe trockengelegt und Seen gestaut. Auch die übermäßige Entnahme von Wasser und Torf sowie Umweltverschmutzungen durch Dünger, Gülle und Abwässer schaden diesem empfindlichen Lebensraum. Der Bestand einheimischer Tier- und Pflanzenarten geht deswegen zunehmend zurück, und so stehen leider immer mehr von ihnen auf der roten Liste gefährdeter Arten.

Zugleich ist es ermutigend zu sehen, wie viel wir für die Erhaltung unserer Naturräume tun können. Und wie gut die Natur sich erholt, wenn wir sie lassen oder sogar unterstützen. Viele engagierte Menschen widmen zahlreiche Projekte dem Rückbau von Naturräumen und der Wiederansiedelung von verschwundenen oder gefährdeten Pflanzen und Tieren. Man nennt das „Renaturierung“. Vieles muss noch getan werden, und vieles ist bereits gelungen.

Biber und Bachforelle, Eisvogel und Elritze, Fischotter und Flusskrebs – ja, es gibt sie wieder!

ROHRKOLBEN
GRAUREIHER
ENGELWURZ
EISVOGEL
NACKTSCHNECKE
GRASFROSCH
GRASHÜPFER

KANNST DU DIE ZWEI NACKTSCHNECKEN FINDEN, DIE SICH AUF DIESEM BILD VERSTECKT HABEN?
STOCKENTEN
GEFLECKTES KNABENKRAUT
Wer hat denn hier im Spinnennetz Eier abgelegt?
BITTE UMBLÄTTERN
KLEINER FUCHS
ERDKRÖTE
WALDAMEISEN

AUF DER VORHERIGEN SEITE SIEHST DU:

Es ist Frühling geworden. Die Tage werden wieder länger, und die zarte Eisdecke, die in den letzten Monaten den Teich bedeckt hat, ist nun verschwunden.
Jetzt ist am Teich viel los. Die Frösche und Kröten aus der Umgebung kehren zum Laichen zurück ans Wasser, sitzen auf den grünen Seerosenblättern und hüpfen an Land herum.

Heimische Gewässer

Bäche, Flüsse, Seen und Feuchtgebiete sind Lebensraum einer Vielzahl von Pflanzen und Tieren.

MUSCHELN LEBEN IN ALLEN GEWÄSSERN DER ERDE, OB TIEFSEE, TÜMPEL ODER FLUSS.

Fließgewässer

Bäche, Flüsse und Ströme haben ihren Ursprung in einer Quelle und münden in einen größeren Fluss, einen See oder ins Meer. Häufig dienen sie der Wasserversorgung sowie als Verkehrswege für Schiffe.

DER EUROPÄISCHE AAL GEHÖRT ZU DEN WANDERFISCHEN. ER LEGT ZUM ABLAICHEN MEHR ALS 5000 KM ZURÜCK, UM AN SEINEN GEBURTSORT, DIE SARGASSOSEE, ZU GELANGEN.

Feuchtgebiete

Sümpfe, Moore und Feuchtwiesen sind stark durchnässte Gebiete. Sie bieten Lebensraum für viele Pflanzen- und Tierarten. Während Sümpfe austrocknen können, ist das bei Mooren nicht der Fall. Durch die Entstehung von Torf erneuern sie sich ständig und können sehr viel Wasser speichern.

! **Fischtreppen** werden von Menschen angelegt. Sie helfen den Wanderfischen, an Flussverbauungen, Kraftwerken und Stauanlagen vorbei, ungehindert vom Fluss ins Meer und zurück zu gelangen.

DER SEEADLER LEBT IN BEWALDETEN SEE- UND FLUSSLANDSCHAFTEN SOWIE AN DER MEERESKÜSTE.

In **Stillgewässern** (auch **stehende Gewässer** genannt), fließt das Wasser gar nicht oder nur sehr langsam. Sie können als Seen, Weiher oder Teiche künstlich angelegt oder natürlich entstanden sein.

Ein **See** ist ein abgeschlossenes, stehendes Gewässer ohne Verbindung zum Meer. Die meisten Seen sind natürlichen Ursprungs, es gibt aber auch Bagger- oder Stauseen. Ein **Teich** ist ein künstliches Gewässer. Er kann abgelassen und wieder aufgefüllt werden. **Tümpel** sind natürliche, flache Stillgewässer, die nicht das ganze Jahr über Wasser führen, sondern nur zu bestimmten Zeiten, etwa nach starkem Regen.

DIE BACHFORELLE BENÖTIGT SAUBERES UND SAUERSTOFFREICHES WASSER. DAHER IST IHR VORKOMMEN IN EINEM GEWÄSSER EIN ZEICHEN FÜR DESSEN GUTE WASSERQUALITÄT.

DER DOHLENKREBS LEBT NICHT NUR IN FLIESSGEWÄSSERN, SONDERN IST AUCH IN SEEN UND WEIHERN ZU FINDEN.

Deutschland hat eine **Nordsee- und eine Ostseeküste**. Beide Meere sind mit dem Atlantischen Ozean verbunden.

KEGELROBBEN

DIE AUFFÄLLIGEN FARBEN DES MARIENKÄFERS SIGNALISIEREN „ACHTUNG, ICH SCHMECKE NICHT!".KANNST DU ALLE DREI MARIENKÄFER FINDEN?

BEI GEFAHR SIMULIERT DIE ROHRDOMMEL DIE BEWEGUNG DES SCHILFS IM WIND.
RÖTELMAUS
Wer hat sich im Ufergestrüpp versteckt?

AUF DER VORHERIGEN SEITE SIEHST DU:

Ein Teichfrosch kehrt an sein Heimatgewässer zurück, in dem er vor fast einem Jahr als Kaulquappe geschlüpft ist. Die dicke Erdkröte dagegen hat sich bereits vor einigen Wochen auf den Weg zum Teich gemacht. Gut geschützt von hohen Uferpflanzen, hockt sie am schlammigen Boden.
Im dichten Halmenmeer stakst ein Graureiher umher und späht nach Beute, während ein hungriger Iltis um den Teich schleicht. Ihre Beutetiere sind gut getarnt im Gebüsch versteckt und gar nicht so leicht zu finden.

Gut getarnt

Zur Abwehr von Fressfeinden schützen sich viele Tierarten, indem sie ihr Aussehen der Umgebung oder anderen Tieren anpassen.

Die **Warntracht** mit ihrer auffälligen Färbung signalisiert, dass ein Tier ungenießbar oder gefährlich ist. Die Kombinationen Gelb-Schwarz und Rot-Schwarz gelten in der Natur als Warnfarben.

UNTERSEITE DER ROTBAUCHUNKE

Die Schrecktracht dient dazu, andere Tiere mit einem bestimmten Verhalten oder Aussehen zu erschrecken oder ein größeres Tier vorzutäuschen.

RITTERWANZE

FEUERWANZE

DIE HARMLOSE FEUERWANZE KOPIERT DAS AUSSEHEN DER GIFTIGEN RITTERWANZE.

DIE WESPE WARNT MIT IHREM AUSSEHEN VOR SCHMERZHAFTEN STICHEN.

Warnung und Tarnung

Gelb-und Rotbauchunken nutzen ihre braune Körperoberseite, um sich im Schlamm unsichtbar zu machen. Begegnet ihnen ein Feind an Land, werfen sie sich schnell auf den Rücken und zeigen ihre Bauchunterseite, die von grellen Warnflecken übersät ist.

DIE KÖCHERFLIEGEN-LARVE BAUT SICH EINEN KÖCHER AUS PFLANZENTEILEN ODER ANDEREN MATERIALIEN AUS IHRER UMGEBUNG.

DAS TAGPFAUENAUGE ZEIGT DEM FEIND SEINE AUGENZEICHNUNG, UM EIN GRÖßERES TIER VORZUTÄUSCHEN.

Die **Tarntracht** ist eine weitere Form der Schutzanpassung, bei der das Tier sein Äußeres zur Tarnung nutzt, um für den Fressfeind nahezu unsichtbar zu sein.

Gute Schutzreflexe ...

... hat die Blindschleiche. Droht Gefahr, wirft sie ihren Schwanz ab, um ihre Feinde zu verwirren.

Bei einigen Vogelarten ist die **„Schreckmauser"**, also der plötzliche Abwurf einiger Federn, die letzte Chance, bei der Jagd zu entkommen.

! Krötenwanderung

Kröten sieht man meist erst auf den zweiten Blick. Sei daher sehr vorsichtig, wenn du im Frühjahr mit dem Rad auf der Straße unterwegs bist. Kröten bewegen sich sehr langsam und brauchen bis zu 15 Minuten, um eine breite Straße zu überqueren.

DIE AUFFÄLLIGE MUSTERUNG DES FEUERSALAMANDERS SIGNALISIERT GEFAHR. BEI EINEM ANGRIFF SPRITZT ER GIFT AUS SEINEN DRÜSEN IM RÜCKEN UND HINTER DEM OHR.

BEIDE HINTERBEINE WERDEN BEIM SCHWIMMEN GLEICHZEITIG ANGEZOGEN UND GESTRECKT.
GELBRANDKÄFER
SPITZSCHLAMM-SCHNECKE
JUNGENAUFZUCHT IST BEI DEN STICHLINGEN MÄNNERSACHE! FINDEST DU ALLE SIEBEN STICHLINGSKINDER?

GRAUGANS
ROTFEDERN HALTEN SICH GERNE IN UFERNÄHE AUF.
„GRÜNDELN" NENNT MAN DIE NAHRUNGSAUFNAHME VON WASSERVÖGELN, BEI DER SIE MIT DEM KOPF UNTER WASSER NACH NAHRUNG SUCHEN.
Was versteckt sich hier unter dem dicken Panzer?
POSTHORNSCHNECKE
TEICHMUSCHEL

AUF DER VORHERIGEN SEITE SIEHST DU:

Platsch! Mit einem gekonnten Sprung landet der Frosch im kühlen Wasser. Erschrocken sieht sich die Graugans um, die gerade dabei war, den Teichboden nach Pflanzenresten abzusuchen. Anders als Schwäne und Enten sieht man Graugänse nur selten beim „Gründeln“, denn sie finden ein reiches Angebot an Nahrung zwischen Gräsern, Kräutern und Getreidefeldern.

DIE SCHILDKRÖTE KANN UNTER WASSER SCHLAFEN UND FRESSEN, MUSS ABER MEHRMALS AM TAG AN DIE WASSEROBERFLÄCHE KOMMEN, UM LUFT ZU HOLEN.

Eine europäische Sumpfschildkröte hat es sich im Teich gemütlich gemacht!

SIGNALFÄDEN DIENEN DER WASSERSPINNE ALS ALARMSYSTEM. BEWEGT SICH EINER DER FÄDEN, EILT DIE SPINNE HERBEI UND TÖTET IHRE BEUTE MIT EINEM GIFTIGEN BISS.

RINGELNATTERN LEBEN AN LAND, SIND ABER AUCH SEHR GUTE SCHWIMMER.

Laufen, Taumeln, Rückenschwimmen

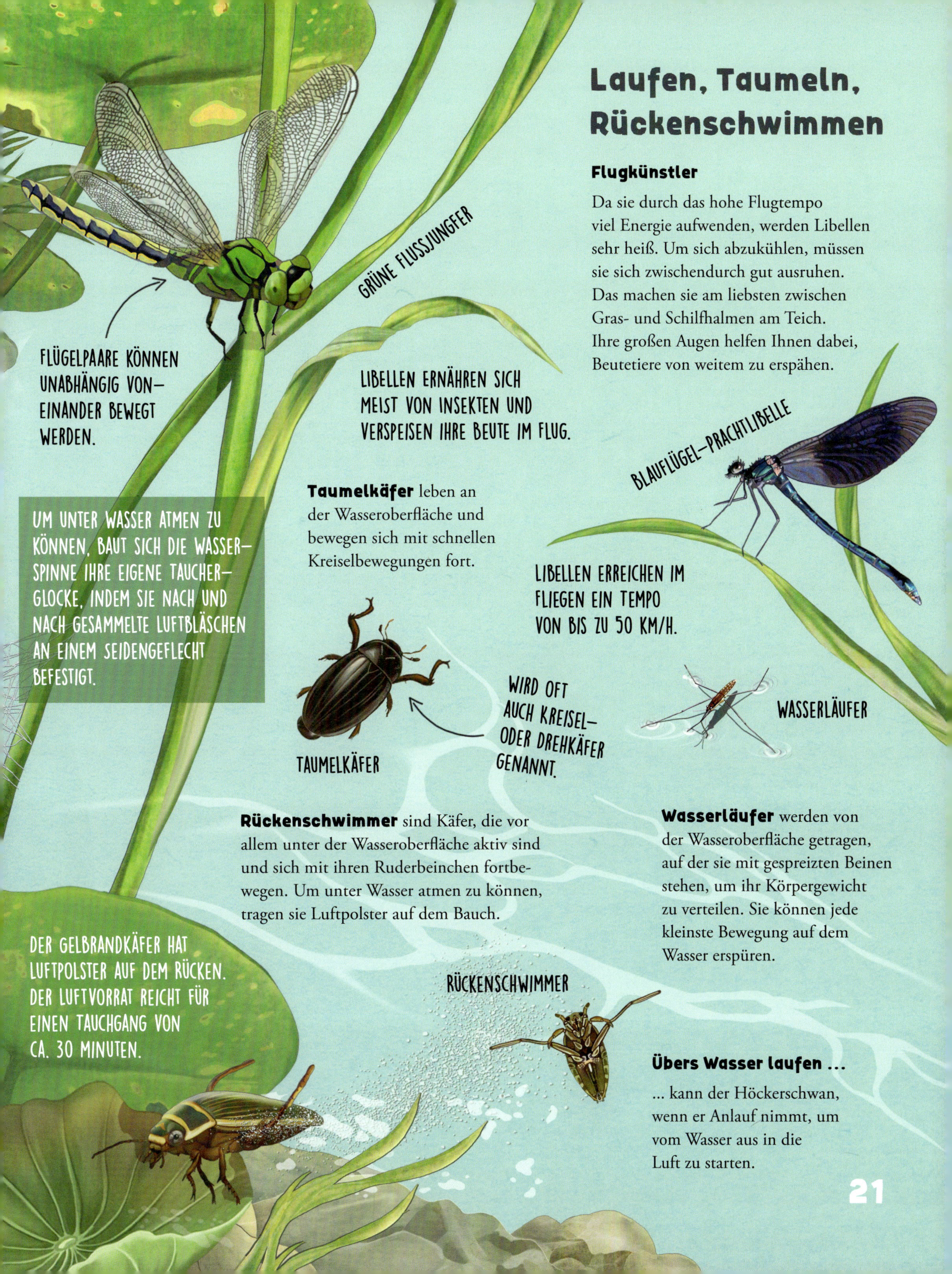

Flugkünstler

Da sie durch das hohe Flugtempo viel Energie aufwenden, werden Libellen sehr heiß. Um sich abzukühlen, müssen sie sich zwischendurch gut ausruhen. Das machen sie am liebsten zwischen Gras- und Schilfhalmen am Teich. Ihre großen Augen helfen Ihnen dabei, Beutetiere von weitem zu erspähen.

FLÜGELPAARE KÖNNEN UNABHÄNGIG VONEINANDER BEWEGT WERDEN.

LIBELLEN ERNÄHREN SICH MEIST VON INSEKTEN UND VERSPEISEN IHRE BEUTE IM FLUG.

UM UNTER WASSER ATMEN ZU KÖNNEN, BAUT SICH DIE WASSERSPINNE IHRE EIGENE TAUCHERGLOCKE, INDEM SIE NACH UND NACH GESAMMELTE LUFTBLÄSCHEN AN EINEM SEIDENGEFLECHT BEFESTIGT.

Taumelkäfer leben an der Wasseroberfläche und bewegen sich mit schnellen Kreiselbewegungen fort.

LIBELLEN ERREICHEN IM FLIEGEN EIN TEMPO VON BIS ZU 50 KM/H.

WIRD OFT AUCH KREISEL- ODER DREHKÄFER GENANNT.

Rückenschwimmer sind Käfer, die vor allem unter der Wasseroberfläche aktiv sind und sich mit ihren Ruderbeinchen fortbewegen. Um unter Wasser atmen zu können, tragen sie Luftpolster auf dem Bauch.

Wasserläufer werden von der Wasseroberfläche getragen, auf der sie mit gespreizten Beinen stehen, um ihr Körpergewicht zu verteilen. Sie können jede kleinste Bewegung auf dem Wasser erspüren.

DER GELBRANDKÄFER HAT LUFTPOLSTER AUF DEM RÜCKEN. DER LUFTVORRAT REICHT FÜR EINEN TAUCHGANG VON CA. 30 MINUTEN.

Übers Wasser laufen ...

... kann der Höckerschwan, wenn er Anlauf nimmt, um vom Wasser aus in die Luft zu starten.

DER KLEINE LEUCHTKÄFER LEUCHTET KURZ, ABER REGELMÄẞIG MIT SEINEM HINTERTEIL, UM EINEN PARTNER ANZULOCKEN.
LAUBFROSCH
MITTLERER WEINSCHWÄRMER

EIN LAUBFROSCH HAT SICH INS BILD GESCHLICHEN. ANDERS ALS DIE TEICHFRÖSCHE BESITZT ER NUR EINE EINZIGE SCHALLBLASE UNTER DEM MAUL. KANNST DU IHN ENTDECKEN?

Der Teichmolch wird manchmal zum Drachen. Möchtest du wissen, wie das aussieht?

AUF DER VORHERIGEN SEITE SIEHST DU:

Der Abend ist angebrochen und jetzt, wo die Sonne langsam untergeht, versammeln sich viele männliche Frösche am Teich. Im Wasser und auf Seerosenblättern sitzend geben sie heute ein großes Froschkonzert.
Mit ihren Schallblasen quaken sie laut, um Froschweibchen anzulocken.
Unser Teichfrosch hat es bereits geschafft, ein Weibchen mit seiner kräftigen Stimme zu beeindrucken. Bald schon wird das Froschweibchen die befruchteten Eier im Teich ablegen, aus denen in ein paar Wochen die kleinen Kaulquappen schlüpfen.

STICHLINGE TANZEN EINEN ZICK-ZACK-TANZ UND VERSTÄNDIGEN SICH SO DARÜBER, DASS SIE BEIDE MIT DER PAARUNG EINVERSTANDEN SIND.

So sieht es aus!
Der Teichmolch trägt zur Balz einen aufgestellten Hautkamm auf dem Rücken und hat seine Hautfarbe geändert.

DIE EIER DES BITTERLINGS WERDEN IN DIE TEICHMUSCHEL GELEGT UND VON DEM MÄNNCHEN BEFRUCHTET. IM GEGENZUG HEFTEN SICH WINZIGE MUSCHELLARVEN AN DIE FRISCH GESCHLÜPFTEN JUNGFISCHE UND WERDEN SO ÜBERALL IM WASSER VERTEILT.

Auf Partnersuche

Froschkonzert und Paarung

Während der Paarung klettert das kleinere Froschmännchen auf das Weibchen, hält es an den Vorderbeinen und bleibt dort mehrere Tage, bis das Weibchen die Eier (Froschlaich) ablegt. So kann das Froschmännchen die Eier gleich befruchten.

! Ein ruhiges Plätzchen

Besonders während der Brut-und Setzzeit benötigen Tiere ein ruhiges, geschütztes Gebiet, damit sie sich ungestört paaren und anschließend um ihren Nachwuchs kümmern können. Bitte sei im Frühling also besonders vorsichtig in der freien Natur und nimm bei Spaziergängen deinen Hund an die Leine.

Hochzeitstanz der Haubentaucher

Der Paarung der Haubentaucher geht eine lange Balz-Zeremonie mit einem festen Ablauf voraus, die man ab März beobachten kann. Die Vögel nehmen nach und nach verschiedene Posen ein und nutzen sogar Pflanzenteile für ihren Tanz.

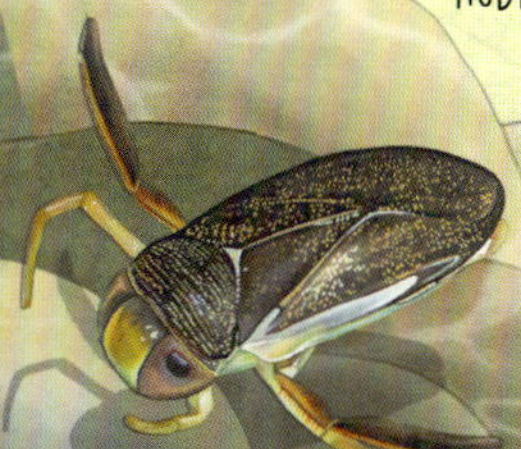

Sowohl männlich als auch weiblich …

… ist die Spitzschlammschnecke. Sie ist ein Zwitter mit beiderlei Geschlechtsmerkmalen. Bei der Paarung mit einer anderen Schnecke wird aber nur eine von beiden befruchtet.

HÖCKERSCHWÄNE KOMMEN GRAU ZUR WELT.
KANNST DU DIE FÜNF WINZIGEN ERDKRÖTEN IM BILD FINDEN?
FASANENFEDER
TEICHHUHNKÜKEN

HAUBENTAUCHERWEIBCHEN TRAGEN IHRE JUNGEN IM GEFIEDER, UM SIE VOR FEINDEN ZU SCHÜTZEN.
TEICHROHRSÄNGER
WASSERDICHTES FEDERKLEID
STOCKENTENWEIBCHEN
DER BLAUE FLECK IM GEFIEDER DIENT DER WIEDERERKENNUNG.
Knack, knack … Was schlüpft denn hier?
KAULQUAPPEN
UNKENLAICH
GOLDLAUFKÄFER

DER KUCKUCK LEGT SEINE EIER IN FREMDE NESTER UND ÜBERLÄSST DIE AUFWENDIGE JUNGENAUFZUCHT ANDEREN VÖGELN.

AUF DER VORHERIGEN SEITE SIEHST DU:

Die Kaulquappen sind nun schon ein paar Wochen alt und fangen an, sich in richtige Frösche zu verwandeln. Hast du schon die kleinen Erdkröten im Ufergebüsch entdeckt? Sie sind inzwischen so groß geworden, dass sie das Wasser verlassen können.
Gerade, als die letzte kleine Kröte an Land gekrochen ist, schwimmt eine Schar Stockenten vorbei. Die flauschigen Küken sind erst vor ein paar Tagen geschlüpft, aber schon richtig gute Schwimmer.

Eine kleine Lachmöwe! Obwohl sie sich als Nestflüchter selbständig ernähren könnte, bleibt sie noch etwa 45 Tage im Nest und wird von der Mutter versorgt.

Tierkinder über und unter Wasser

Nestflüchter können sich direkt nach dem Schlüpfen selbständig ernähren und meist schon schwimmen. Sie werden anfangs von ihren Eltern gewärmt und beschützt, verlassen nur wenige Stunden später das Nest.

MÄNNLICHE STOCKENTEN NENNT MAN „ERPEL".

DIE ENTE UND IHRE JUNGEN ZUSAMMEN NENNT MAN „SCHOOF". SIE LEBEN CA. 4 MONATE MITEINANDER.

STOCKENTEN SIND NESTFLÜCHTER UND VERLASSEN SCHON 6–12 STUNDEN NACH DEM SCHLÜPFEN DAS NEST.

JUNGVÖGEL SPERREN IHREN SCHNABEL INSTINKTIV AUF, UM GEFÜTTERT ZU WERDEN.

Da **Nesthocker** nach dem Schlüpfen noch nicht so weit entwickelt sind, bleiben sie noch längere Zeit im Nest und werden hier von den Eltern ernährt. Auch nach dem Verlassen des Nests sind sie meist noch flugunfähig.

GRAUREIHER SIND NESTHOCKER UND WERDEN BIS ZU 8 WOCHEN LANG IM NEST VERSORGT.

In Kolonien ...

... leben Graureiher oft mit mehr als 100 Brutpaaren zusammen. Ihre Nester bauen sie auf Bäumen oder in hohen Sträuchern.

IM EI ENTWICKELT SICH EIN EMBRYO.

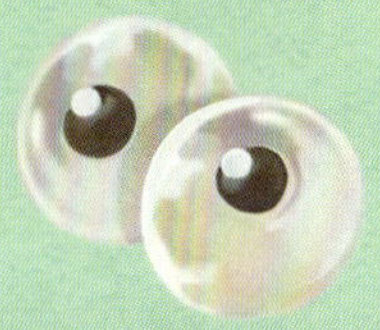

! Kaulquappen mit nach Hause zu nehmen ist verboten, denn alle heimischen Amphibien, wie Frösche und Kröten, stehen unter Naturschutz.

Vom Ei zum Frosch

„Laich" nennt man die Eier der Frösche. Aus ihnen schlüpft die Kaulquappe.

FRÖSCHE LEGEN IHRE EIER IM WASSER AB.

NACH WENIGEN TAGEN SCHLÜPFT EINE KAUL-QUAPPE AUS DER EIHÜLLE.

SPÄTER WACHSEN VORDERBEINE UND DER SCHWANZ BILDET SICH LANGSAM ZURÜCK.

WEIßSTORCH
ER WIRD AUCH KLAPPERSTORCH GENANNT. ER KLAPPERT, UM ANDERE STÖRCHE ZU BEGRÜSSEN ODER ABZUSCHRECKEN.
WASSERSPITZMAUS
GELBE TEICHROSE
SEEROSENBLATTKÄFER

FRÖSCHE KÖNNEN IN ALLE RICHTUNGEN SEHEN, OHNE DEN KOPF ZU DREHEN.

Der kleine Frosch hat Hunger. Ob er die Fliege erbeuten kann?

AUF DER VORHERIGEN SEITE SIEHST DU:

Huch! Das war knapp!
Ein Weißstorch auf Beutefang lauert den kleinen Fröschen auf, die in der warmen Augustsonne emsig nach Mücken jagen.
Mit seinem langen, spitzen Schnabel versucht der Storch den Frosch zu schnappen, der es sich auf einem Seerosenblatt gemütlich gemacht hat. Dessen Haut ist aber feucht und glitschig, weshalb es schwierig ist, ihn zu fangen. Auch Marder, Füchse, Wildschweine, Reiher und Greifvögel fressen gerne Frösche.

Der Frosch hat die Fliege erbeutet! Für die Jagd schleudern Frösche ihre lange Zunge gezielt aus dem Maul. Das Insekt bleibt daran kleben und kann verspeist werden.

FRÖSCHE ERNÄHREN SICH HAUPTSÄCHLICH VON FLIEGEN, MÜCKEN, KÄFERN UND SPINNEN.

Fressen und gefressen werden

Alle Lebewesen im Teich sind aufeinander angewiesen. Pflanzen und Algen bieten die Nahrungsgrundlage für winzige Tiere wie den Wasserfloh, der selbst wiederum auf der Speisekarte von Käfern und anderen Kleinlebewesen steht. Fleischfresser wie Wasserspitzmäuse und Frösche jagen vor allem Insekten und Schnecken, während sie selbst von größeren Tieren wie dem Fischotter und dem Graureiher gefressen werden.

Die Wasserfledermaus frisst Insekten, die sie im Flug mit dem Maul greift oder mit Schwanz und Flügel von der Wasseroberfläche „keschert".

FLORFLIEGE

DIE HUNGRIGE FLORFLIEGENLARVE FRISST IN IHREM LEBEN BIS ZU 500 BLATTLÄUSE.

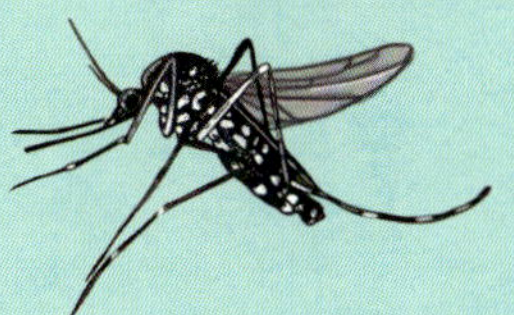

TIGERMÜCKE

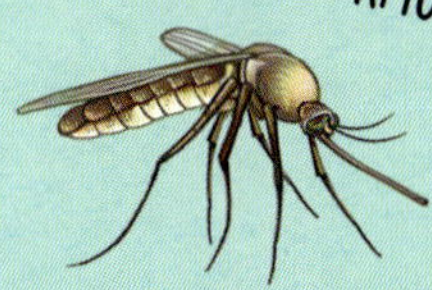

GEMEINE STECKMÜCKE

WEIBLICHE STECHMÜCKEN SAUGEN BLUT, DA SIE DAS DARIN ENTHALTENE EIWEISS FÜR DIE EIPRODUKTION BENÖTIGEN.

PLANKTON UNTER DEM MIKROSKOP

Plankton besteht aus mikroskopisch kleinen Tieren, Pflanzen und Algen. Es schwimmt in der Nähe der Wasseroberfläche und ernährt viele Tiere im Teich.

> **! Die Fütterung von Wasservögeln** schadet nicht nur den Tieren, sondern auch dem Gewässer. Futter, wie z. B. Brot, stellt keine natürliche Nahrung für Wasservögel dar. Durch Tierkot und Nahrungsreste an Fütterungsstellen kann das Wasser verschmutzen.

Der Europäische Wels ist der größte heimische Süßwasserfisch. Trotz seines schlechten Sehvermögens ist er ein erfolgreicher Jäger, der Fische, Vögel und Säugetiere verspeist. Mit seinen hoch sensiblen Barteln kann er seine Beute erspüren.

KLEINSTLEBEWESEN WIE DIE WASSERASSEL ZERLEGEN PFLANZENRESTE UND AAS, BIS NUR NOCH MINERALSTOFFE ÜBRIG BLEIBEN, DIE FÜR DAS PFLANZENWACHSTUM GEBRAUCHT WERDEN.

DIE WASSERSPITZMAUS TAUCHT AM GEWÄSSERGRUND NACH BEUTE UND TÖTET SIE MIT EINEM GIFTIGEN BISS.

WASSERASSEL

DER FISCHOTTER GALT IN TEILEN DES LANDES SCHON FAST ALS AUSGESTORBEN. HEUTE SIEDELT ER SICH LANGSAM WIEDER AN UNSEREN GEWÄSSERN AN.

DER SILBERREIHER IST BEI UNS MEIST IM HERBST UND IM WINTER ZU SEHEN.

FISCHOTTER KÖNNEN IHRE NASENLÖCHER BEIM TAUCHEN VERSCHLIESSEN, UM BESSER TAUCHEN ZU KÖNNEN.

DREI ELRITZEN HABEN SICH VERSTECKT. KANNST DU SIE FINDEN?

AUF DER VORHERIGEN SEITE SIEHST DU:

Die Blätter haben sich jetzt im Oktober bereits bunt verfärbt. Die Tage werden merklich kürzer. Einige Tiere haben den Teich verlassen, um sich auf den Winter vorzubereiten. Der Fischotter ist auch an kalten Tagen aktiv und stets auf der Suche nach Futter. Geschickt taucht er durch das Wasser, um Fische zu erjagen. Schwimmhäute machen ihn zu einem guten Schwimmer, die Kälte macht ihm nichts aus.

DER OBERE TEIL BILDET DEN WOHNRAUM. ABWÄRTS FÜHRENDE RÖHREN BIETEN EIN SCHLUPFLOCH INS FREIE WASSER.

DIE BISAMRATTE KANN BIS ZU 10 MINUTEN UNTER WASSER BLEIBEN.

Der Gang führt in die Winterburg der Bisamratte! Sie ist mit einem Durchmesser von 2 Metern ziemlich groß und reicht bis zum Teichgrund.

Die Bisamratte sucht im Herbst flache Ufer von Teichen und Sümpfen auf, um in den Uferböschungen ihre Winterburg aus Pflanzenresten und Schlamm zu bauen. Für eine ausreichende Belüftung der Erdhöhlen sorgen Luftlöcher in der Erde, die zu den einzelnen Gängen führen.

BEI KÄLTE GRÄBT SICH DIE SCHLEIE IM SCHLAMM EIN UND ÜBERSTEHT DORT AUCH SEHR NIEDRIGE TEMPERATUREN.

DIE SCHERMAUS GRÄBT IHRE WOHNHÖHLE IN DAS ERDREICH AM UFER.

Geschickte Baumeister

DIE ZWERGMAUS BAUT KUGELNESTER IM SCHILF.

Biberburg

Zunächst baut der Biber einen Damm, für den er Äste, Zweige und Stämme in den Boden steckt und mit Schlamm und Steinen befestigt. Nun geht es an den Bau seiner Burg, indem er einen großen Haufen aus Ästen und Holzspänen mit Schlamm abdichtet.

DER BAU WIRD ALS SCHLAF- UND WOHNSTÄTTE SOWIE ALS FRESSPLATZ UND KINDERSTUBE GENUTZT.

ZUM SCHUTZ VOR FEINDEN LIEGT DER EINGANG UNTER WASSER.

! Überquerungshilfen (etwa Tunnel oder Bermen) helfen Fischotter, Biber und anderen Wildtieren, fließende Gewässer zu überqueren, ohne dem Straßenverkehr einer Brücke zum Opfer zu fallen.

Der Biber und seine Dämme

Um den Wasserstand seines Bauplatzes zu regulieren, errichtet der Biber eigene Dämme und legt so kleine Teiche an.

Renaturierung

Naturnahe Um- und Rückbauten an Gewässern sorgen für die Erholung der Umwelt und Artenvielfalt. Teilweise schon ganz verschwundene Tiere wie Biber und Fischotter kehren seit einigen Jahren in etliche Regionen zurück.

Ein buntes Treiben ...

... herrscht am Biberteich, der vielen Tieren wie Amphibien und Fischen als sicherer Rückzugs- und Laichort dient. Wildschweine nutzen die überschwemmten Wiesen zum Suhlen, während Ringelnattern sich gerne auf den Dämmen sonnen und der Buntspecht im Totholz auf Nahrungssuche geht.

ERDWESPEN BAUEN IHRE NESTER UNTERIRDISCH.

WEINBERGSCHNECKE
IM WINTER SUCHEN FISCHE IMMER DIE TIEFSTE STELLE DES GEWÄSSERS AUF. HIER IST ES AM WÄRMSTEN.
WASSERSPINNEN ÜBERWINTERN GERNE IN LEEREN SCHNECKENHÄUSERN.
ZWEI SCHERMÄUSE HABEN EINE HÖHLE GEGRABEN. KANNST DU BEIDE FINDEN?

SCHMETTERLINGSLARVE
Spuren im Schnee …
Welche Tiere hier
wohl entlang-
gelaufen sind?
DER HÖCKERSCHWAN
IST GANZJÄHRIG BEI
UNS ZU SEHEN.
LIBELLENLARVE

DAS HERMELIN TRÄGT JETZT EIN WEIßES WINTERFELL UND JAGT HIER AM TEICH NACH SCHERMÄUSEN.

GUT GESCHÜTZT DURCH EIN DICKES WINTERFELL IST DER ROTFUCHS SEHR AKTIV UND STETS AUF DER JAGD NACH FUTTER.

Stockente, Fischotter, Biber, Hermelin und Waschbär haben ihre Spuren durch den Schnee gezogen. Trotz des eisigen Wetters sind sie noch aktiv und auf Nahrungssuche.

AUF DER VORHERIGEN SEITE SIEHST DU:

Eisiger Wind fegt über den Teich, eine Schneedecke hat sich über die Uferpflanzen gelegt. Während einige Tiere auch jetzt noch ruhelos auf Futtersuche sind, verbringen andere die kalte Jahreszeit in ihren Winterquartieren.
Auch ein kleiner Teichfrosch hat es sich nahe einer Baumwurzel gemütlich gemacht. Im Frühjahr wird er wieder in den Teich zurückkehren, in dem er sich vor kurzem selbst von einer Kaulquappe zum Frosch gewandelt hat. Bis bald, kleiner Frosch!

DER BEI UNS NEU EINGEBÜRGERTE WASCHBÄR VERBRINGT DIE WINTERRUHE IN BAUMHÖHLEN. AB UND ZU KOMMT ER AN DEN TEICH, UM NACH FISCHEN ZU JAGEN.

DIE STOCKENTE BLEIBT DEN GANZEN WINTER BEI UNS.

Kalte Füße ...

... sind für Stockenten gar kein Problem. Durch ihren besonderen Blutkreislauf bleibt ihr Körper trotzdem warm. Sie können sogar auf Eisflächen herumlaufen, ohne festzufrieren.

Winterruhe

Amphibien, wie Kröten oder Frösche, sind wechselwarme Tiere. Das bedeutet, dass sie ihre Körpertemperatur nicht selbständig gleichhalten können, wie das bei uns Menschen der Fall ist.

KÖRPERTEMPERATUR IN DEN SOMMERMONATEN.

Winterschlaf und Winterruhe

Für den Winterschlaf suchen oder bauen sich viele Tiere einen Unterschlupf, z.B. die Fledermaus. Sie haben sich genügend Winterspeck angefuttert, senken ihre Körpertemperatur ab und brauchen so über mehrere Monate keine Nahrung. Die Winterruhe ist hingegen von Wachphasen durchbrochen, dann machen sich die Tiere an ihre Nahrungsvorräte. So macht das z.B. der Waschbär.

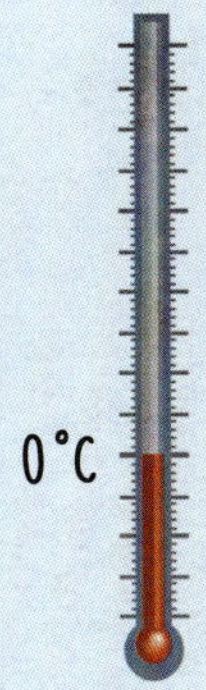

KÖRPERTEMPERATUR IN DEN WINTERMONATEN.

VIELE INSEKTEN ÜBERWINTERN IN LARVENFORM. DER SEEROSENZÜNSLER ÜBERWINTERT ALS RAUPE IN SEEROSENSTÄNGELN.

EINIGE SCHMETTERLINGS- UND KÄFERARTEN, WIE DER ZITRONENFALTER, ÜBERWINTERN ALS VOLL AUSGEWACHSENES INSEKT IM GRAS, SCHILF ODER IN BÄUMEN.

Winterstarre

Ab einer Temperatur von 0 °C fallen wechselwarme Tiere, wie Insekten, Amphibien und Fische, in die Winterstarre. Dabei fällt die Körpertemperatur so stark ab, dass sie sich nicht mehr bewegen können. Auch das Herz schlägt nur noch wenige Male in der Minute.

BERGENTE AUS NORDEUROPA

Wintergäste

Während viele einheimische Brutvögel die Wintermonate im Süden verbringen, kommen zugleich zahlreiche Vögel aus dem Norden zu uns.

PFEIFENTE AUS NORDEUROPA UND NORDASIEN

KRICKENTE AUS NORDAMERIKA

! Winter am Gartenteich

Um den Sauerstoffvorrat im zugefrorenen Teich und damit die Wassertiere darin zu schützen, kannst du dafür sorgen, dass einige Stellen eisfrei bleiben. Lasse hierzu einfach ein Stück Holz auf der Wasseroberfläche schwimmen und übergieße es regelmäßig mit warmem Wasser.
Brich die Eisdecke aber bitte nie gewaltsam auf, denn dies bedeutet Stress für die Tiere. Im schlimmsten Fall können sie aufwachen und daran sterben.

Begriffserklärung

Die Tiefsee ist ein völlig lichtloser Bereich des Meeres, welcher unterhalb von etwa 800 Meter unter dem Meeresspiegel liegt.

Die Gemeinschaft verschiedener Lebewesen wie Pflanzen und Tiere, aber auch nicht lebender Dinge, wie Gestein, Luft und Wasser, an einem bestimmten Ort, nennt man **Ökosystem.**

Feuchtgebiete sind wasserreiche Landschaften verschiedener Arten, zu denen auch Moore, Sümpfe und Feuchtwiesen gehören. Als **Aulandschaft** bezeichnet man den regelmäßig überschwemmten Bereich entlang von Bächen und Flüssen.
Ein Bruchwald ist ein dauerhaft sumpfiger, teils sogar überfluteter Wald.

Torf nennt man die Ansammlung vermoderter Pflanzenreste im schlammigen Moorboden. Wegen des fehlenden Sauerstoffs im feuchten, durchnässten Boden können Stängel, Blätter, Äste und Wurzeln nicht vollständig verfaulen und lagern sich so als Torfschicht ab.

Als **Amphibien** oder Lurche bezeichnet man Tiere, die an Land und im Wasser leben können. Häufig nutzen diese Tiere das Wasser, um ihre Eier abzulegen.

Der **Kokon** ist ein selbst gebautes Gehäuse der Raupe, welches sie nutzt, um sich darin in einen Schmetterling zu verwandeln.

Balz nennt man das Verhalten von Tieren bei der Paarungszeit. Sogenannte Paarungsspiele helfen meist den männlichen Tieren, eine geeignete Partnerin zu finden.

Erfolgt die Eiablage eines Tieres unter Wasser, werden die Eier als **Laich**, die Eiablage als **Laichen** bezeichnet.

Embryo nennt man ein Lebewesen in der Zeit von der Entwicklung der Eizelle bis zum Schlüpfen oder der Geburt.

Die Brut- und Setzzeit bezeichnet den Zeitraum, in dem wild lebende Tiere brüten oder ihre Jungen auf die Welt bringen.

Als **Larve** bezeichnet man die Gestalt eines Tieres in einem bestimmten Lebensabschnitt, der zwischen Ei und ausgewachsenen Tier liegt. Die Larven haben, je nach Tierart, verschiedene Namen. Die Larven von Fröschen nennt man **Kaulquappen**. Die Larven von Schmetterlingen heißen **Raupen**.

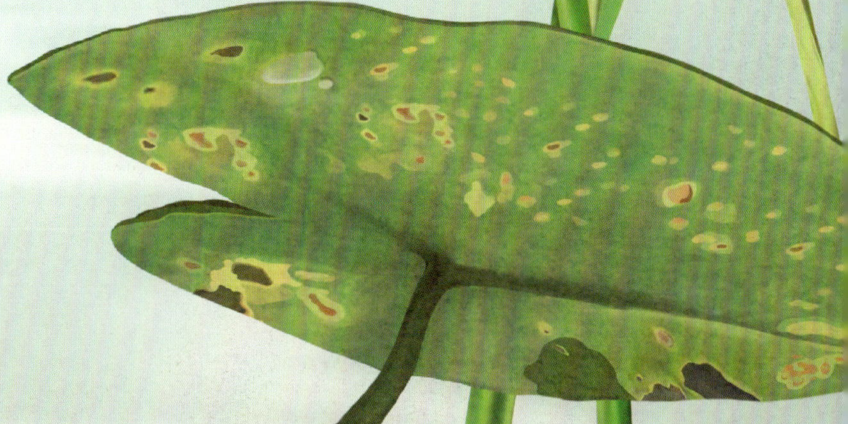

Aas nennt man den toten Körper eines Tieres, der bereits Anzeichen von Verwesung zeigt.

Vielen Dank an die Biologen der Universität Osnabrück
für die wissenschaftliche Betreuung:
Sebastian Holt, Lars Witte
und meinen Bruder, Roman Walczyk.

Für Lotta & Enno

Dieses Buch erscheint in der Edition NILPFERD.
www.nilpferd.at
www.ggverlag.at

ISBN: 978-3-7074-5287-7

Text: Jana Walczyk
Illustration und graphische Gestaltung: Jana Walczyk
Satz: Annett Stolarski, studioback.at
Hergestellt in Europa.

Gesetzt in der aktuell gültigen Rechtschreibung.
Papier aus verantwortungsvoll bewirtschafteten Quellen.

1. Auflage 2023

Die Edition NILPFERD erscheint im G&G Verlag.

G&G
Gut für Ihr Kind
Gut für die Umwelt
Farben auf Pflanzenölbasis
Lösungsmittelfreie Klebstoffe
Gedruckt auf FSC-Papier
Hergestellt in Europa

WILLKOMMEN IN DER IGEL-WG!

ERSCHEINT IM HERBST 2023

JETZT AUCH ALS PAPPE-BUCH FÜR UNSERE KLEINSTEN ENTDECKER.

ISBN 978-3707452464

ISBN 978-3-7074-5299-0

5. AUFLAGE

Wir begleiten den Igel und die Spitzmaus auf ihrer Entdeckungsreise: Wer zieht alles in den Laubhaufen, wenn der Winter naht? Erdkröte und Laubfrosch, Marienkäfer und Regenwurm, Haselmaus und Weinbergschnecke machen es sich in einer ruhigen Gartenecke gemütlich. Aber auch Rotkehlchen und Zimtbär überwintern im Reisig, nähren sich von reifen Herbstfrüchten und kuscheln sich ins bunte Laub.